스토리로 읽는 구원의 진리

당신을 위한 특별한 선물

양익모 지음

한국장로교출판사

스토리로 읽는 구원의 진리

당신을 위한 특별한 선물

초판인쇄 2014년 8월 1일
초판발행 2014년 8월 10일

지 은 이 양익모
펴 낸 이 채형욱
펴 낸 곳 한국장로교출판사
주 소 110－470 / 서울특별시 대학로 3길 29(연지동, 한국교회100주년기념관 별관)
전 화 (02) 741－4381 / 팩스 (02) 741－7886
영 업 국 (031) 944－4340 / 팩스 (02) 944－2623
등 록 No. 1－84(1951. 8. 3.)

ISBN 978－89－398－4056－0 / Print in Korea
값 3,000원

편 집 장 정현선
교정·교열 원지현 **표지·본문디자인** 김보경 **일러스트** 강준구
업무차장 박호애 **영업차장** 박창원

들어가는 말

우리는 지금 불안과 두려움의 세대를 살아가고 있습니다.
OECD 국가 가운데 가장 높은 자살률을 드러내고 있습니다.
학교에서 영어 수학을 배워 지식을 위한 교육을 받았습니다.
하지만 인생 수업은 받지 못한 채 살아가고 있습니다.
인생의 궁극적인 문제들…….

왜 우리는 살아야 하는가? 무엇을 위해 살아야 하는가?
왜 이 땅에는 이렇게 고통과 불행, 절망이 있는가?
우리는 어디서 와서 어디로 가고 있는가?
죽음 이후의 세계는 있는가?
이 땅에 사는 동안에도 행복과 자유 평화를 누리며 살 수 있는 방법은 없는가?

성경말씀은 인생의 궁극적이고 근본적인 문제의 해답을 제시하고 있습니다.
학교에서 영어 수학을 배우듯
이 문제들에 대해서도 배워야 합니다.

사람들은 구원을 너무나 어렵게 생각합니다.
그러나 여기에 이해하기 쉬운 복음이 있습니다.
모쪼록 생의 여러 문제들에 대한 해답을 찾아 이 땅 위에서도
천국을 누리며 사시는 분들이 될 수 있기를 기도합니다.

2014년 필리핀에서 양익모 목사

일러두기

:: 본 교재의 특징

1. 스토리 중심으로 공부하기에 따분하지 않습니다.
2. 스토리를 통해 스스로 깨닫게 합니다.
3. 스토리를 통해 어려운 교리들을 쉽게 설명하고 있습니다.
4. 들어가는 질문으로 문제의 접근을 유도하며, 말씀을 통해 해답을 제시하고 결단을 촉구합니다.
5. 혼자서도, 그룹에서도 공부할 수 있습니다.

:: 본 교재의 대상

1. 구원의 확신이 없는 이들
2. 교회에 처음 출석하는 새 가족들
3. 전도대상자들

:: 본 교재 사용법

1. 들어가는 질문을 통해 공부의 방향성과 목적성을 알게 됩니다.
2. 성경 본문을 통해 질문하므로 내용을 파악합니다.
3. 본문해설을 통해 진리를 깨닫게 됩니다.
4. 결단을 위한 질문과 함께 예수님을 영접하여 거듭나게 됩니다.

차례

하와가
먹자고
…
뱀이
먹어 보라고
…
가죽옷
선악과
먹어 봐~

1장

인류 최초의 복음

(창세기 3 : 1-15)

들어가는 질.문.

1. 인간은 어떻게 창조되었습니까?
2. 이 땅에는 왜 불행이 존재합니까?
3. 이 모든 불행을 끝낼 수 있는 길이 있을까요?

S.T.O.R.Y.

하나님은 인간을 창조하셨습니다. 하나님의 형상대로 인간을 만드셨습니다. 흙으로 만들어 코에 생기를 불어넣으셨습니다. 그리고 아담을 만드신 후에는 혼자 사는 것이 좋지 않다며 돕는 배필인 하와를 창조하셨습니다.

하나님은 그들을 에덴동산에 살게 하셨습니다. 에덴은 '행복', '기쁨'이란 뜻입니다. 그곳은 인간이 살기에 너무나 좋은 곳이었습니다. 하나님은 아담과 하와에게 생육하고 번성하라고 하셨고, 만물을 다스리며 하나님의 대리자로서 에덴을 관리하며 살게 하셨습니다.

그러나 하나님께서 단 하나, 아담과 하와에게 경고하셨던 것이 있는데, 그것은 에덴동산에 있는 모든 것은 임의로 해도 좋지만 동산 중앙에 있는 선악을 알게 하는 나무의 실과, 즉 선악과는 따 먹지 말라는 것이었습니다. 그것을 먹는 날에는 반드시 죽을 것이라고 하셨습니다. 선악과는 하나님의 권위를 상징하며 임재를 나타냅니다. 이것은 인간에게 자유의지가 있지만 한계성 있는 자유를 지닌 존재임을 알려 주시는 것이었습니다.

그런데 뱀이 여인에게 그것을 먹는 날에는 눈이 밝아져 하나님처럼 된다며, 하와를 유혹했습니다. 결국 그녀는 선악과를 따 먹었고, 남편 아담에게도 주었습니다. 그것을 먹은 후 그들은 자신들이 벌거벗음을 알았습니다. 부부는 두려웠습니다. 죄책감과 수치심, 그리고 불안감이 생겼습니다. 그들은 스스로 무화과 나뭇잎으로 옷을 만들어 입었습니다. 그리고 숨었습니다.

하나님께서 날이 저물고 바람이 서늘할 때에 동산에 찾아오셨습니다. 그리고 아담을 부르셨습니다. “아담아 네가 어디 있느냐? 누가 너 더러 선악과를 따 먹으라 하더냐?” “하나님이 주신 여자가요.” “아니오, 뱀이요.” 그들은 서로 책임을 전가시켰고, 그 결과 벌을 받았습니다. 뱀은 늘 흙을 먹고 배로 기어 다녀야 했으며, 여인은 남편을 사모하고 그의 다스림을 받아야 했습니다. 그리고 해산의 고통을 겪어야만 했습니다. 남자들은 가족들을 먹여 살리기 위해 이마에 땀을 흘려야 했고, 땅은 가시와 엉겅퀴를 내어 그 수고를 더했습니다. 하나님은 두려움과 불안에 떨고 있는 이들에게 가죽옷을 만들어 입히셨습니다. 그들은 하나님을 뵐 면목이 없었지만 그 옷을 받아서 입었습니다. 하나님은 이렇게 그들의 불안과 수치, 죄책감을 덮어 주셨습니다. 값없이 베푸시는 하나님의 은혜, 사랑의 소식, 바로 이것이 ‘복음’입니다.

그리고 3장 15절에 “내가 너로 여자와 원수가 되게 하고 너의 후손도 여자의 후손과 원수가 되게 하리니 여자의 후손은 네 머리를 상하게 할 것이요 너는 그의 발꿈치를 상하게 할 것이니”

하나님은 여자의 후손으로 하여금 뱀의 머리를 상하게 할 것이라 했습니다. 여기 나오는 여자의 후손은 훗날 마리아의 몸을 통해 성령으로 잉태된 메시야 예수 그리스도이며, 뱀은 사탄을 의미합니다. 즉, 예수님은 뱀의 모양으로 나타난 사탄과 원수의 관계이지만, 결국은 이기시고 승리하시는 진정한 구원자이며 왕이심을 의미합니다. 이것이 **인류에게 구원을 주시는 최초의 기쁜 소식입니다.**

적용을 위한 질문.

1. 하나님은 인간을 어떻게 만드셨습니까?

하나님은 인간을 하나님의 형상대로 만드셨습니다(창 1:26-28). 그것은 사랑의 하나님께서 사랑의 대상으로서의 사람을 하나님의 가장 닮은 존재, 영적인 존재로 만드셨다는 것입니다. 다시 말해서 하나님의 성품을 닮은 존재로 만드셨다는 것을 의미합니다. 따라서 인간은 하나님과의 관계 속에서 교제하며 살아갈 때에 행복한 존재이며, 하나님을 찬양하고 사랑하는 존재로 창조된 것입니다(사 43:21). 그리고 하나님을 영화롭게 하도록 만드셨습니다. 또한 만물 가운데 가장 뛰어난 존재가 되어 하나님을 대신한 관리자가 되게 했습니다.

2. 에덴동산에서 하나님이 금하신 것은 무엇이며 그것은 무엇을 의미합니까?

하나님은 인간을 하나님 다음의 존재로 만드셨습니다. 그런데 뱀은 하나님처럼 될 수 있다는 말로 유혹하여 아담과 하와로 하여금 선악과를 따 먹게 했습니다. 인간은 선악과를 두신 하나님을 향하여 감사해야 합니까, 항변해야 합니까? 하나님은 아담과 하와에게 선악과를 제외하고 다른 모든 것을 임의로 사용하라고 했습니다. 하나님 안에서만 누려야 할 자유였습니다.

3. 인간이 하나님의 말씀을 어긴 것을 무엇이라 하며 그 결과 어떤 벌이 주어졌습니까?

하나님의 말씀을 어기고 선악과를 먹은 것, 뱀의 말대로 행한 것을 죄라고 합니다. 죄란 하나님의 마음에서 빗나간 것을 의미합니다. 아담과 하와는 왜 뱀의 말을 들었을까요? 그 이유는 하나님처럼 되고 싶다는 자기사랑 때문입니다. 그리고 그 벌로 에덴에서 쫓겨났고 모든 인류에게 아담의 죄가 이어졌습니다. 죄의 결과 세상에는 불행이 왔습니다. 그 불행이란 고난, 질병, 죽음 등을 의미합니다.

4. 벌거벗은 수치심과 죄책감, 두려움, 불안에 떨던 부부는 그 문제를 해결하기 위해 무엇을 했습니까?

무화과나뭇잎으로 옷을 만들어 입었습니다. 그러나 그것은 임시방편에 불과했습니다. 이와 마찬가지로 세상의 종교들이 문제 해결을 위해 수도, 고행, 적선 등 온갖 노력을 다합니다. 하지만 그것들은 근본적인 죄의 문제를 해결해 주지 못합니다.

5. 하나님은 언제 찾아오셨으며 아담에게 어떤 질문을 하셨습니까?

날이 저물고 바람이 서늘할 때 하나님께서 동산을 거니셨습니다. 하나님께서는 인간에게 생각할 수 있는 시간을 주셨고, 서로 대화하기가 좋은 때를 택하여 오셨습니다. 그리고 "어디 있느냐"는 질문은 '왜 그렇게 되었느냐? 잘못을 깨닫고 나와 관계를 회복하자, 문제를 해결하라'는 뜻으로 부르신 것입니다. 지금도 하나님은 "네가 어디 있느냐?"라고 질문하십니다. 무엇 때문에 그렇게 불안해하고 두려워하고 있느냐, 왜 그렇게 숨어 있느냐라고 질문하십니다.

6. 하나님은 무슨 일을 하셨으며 그들이 해야 할 일은 무엇이었습니까?

하나님은 불안해하는 아담과 하와에게 가죽옷을 지어 입혔습니다. 부부가 할 수 있는 일은 그저 하나님의 조건 없는 사랑을 깨닫고 두 손을 벌려 그 옷을 받아 입는 것뿐이었습니다. 이렇게 인생의 문제를 해결하는 길은 전적으로 하나님께 달려 있습니다. 하나님께서 은혜를 베푸실 때 그 사랑에 감격하며 그분의 호의와 사랑을 받아들여야 합니다. 여기 두 손을 내밀어 그 가죽옷을 받아 입는다는 것은 하나님의 사랑을 받아들이는 것을 의미합니다. 아무런 조건 없이, 값없이 주는 사랑, 이것을 '은혜'라 합니다. 그리고 죄를 지었지만 덮어 주시고 관계를 회복하기를 원하시는 하나님을 받아들이는 것, 우리는 이것을 '믿음'이라 합니다.

7. 하나님이 주신 가죽옷이 주는 의미와 상징은 무엇입니까?

가죽옷은 짐승을 잡아 만든 것입니다. 죄 없는 짐승이 아담 부부를 위해 피를 흘려 죽어야 했습니다. 그렇게 만들어진 옷이 가죽옷입니다.

이것은 먼 훗날 이 땅에 오실 예수 그리스도를 상징합니다. 죄에 빠진 인간을 구원할 수 있는 분은 하나님뿐입니다. 하나님은 독생자 예수 그리스도를 이 세상에 보내 주셨습니다. 그리고 예수님은 죄에 빠진 인간들을 구원하시기 위해 십자가를 지셨습니다. 나의 죗값을 대신 다 갚으시기 위해 죽으셨습니다. 이 사실을 깨닫고 예수님을 나의 구주로 받아들일 때 나의 죄를 용서 받는 것입니다. 예수님보다 6개월 먼저 태어난 세례 요한은 예수님이 나타나시자 이렇게 고백했습니다. "세상 죄를 지고 가는 하나님의 어린양을 보라"(요 1 : 29).

이전에는 사탄의 말을 들어 우리의 조상들이 모두 사탄의 종이며 자식이었지만, 그 예수님을 나의 구주로 영접할 때 우리는 하나님의 자녀가 됩니다(요 8 : 44).

* * *

*** 복 음 이 란 ?**

인류 최초의 복음이 무엇입니까? 여인의 후손인 메시야가 죄를 짓게 만든 뱀의 머리를 깨뜨리고 모든 사람을 죄로부터 구원하여 주실 것이라는 것입니다. 즉, 복음이란 이 세상에 살면서 죄로 인하여 고난과 질병 가운데 살다가 죽어 죗값으로 지옥에 갈 수밖에 없는 인간에게 예수님을 믿어 죄를 용서 받고 영원한 천국에서 살길을 주셨다는 것입니다. 따라서 인간을 구원하기 위해서 오신 그 예수님이 복음이고, 예수님이 전하시는 말씀이 복음이며, 그 하시는 일들이 모두 복음입니다. 기쁜 소식입니다.

*** 여 자 의 후 손 이 란 ?**

남자의 정자를 통한 출생이 아닌 성령으로 출생할 메시야를 의미합니다.

*** 구 원 이 란 ?**

모든 속박에서 벗어나 자유를 얻게 되는 것입니다. 예수 그리스도를 믿을 때에 고난, 질병, 죄책감, 죽음에서 자유를 얻게 되는 것입니다. 인간을 옭아매는 모든 것들로부터 해방되는 것입니다. 예수님은 "진리를 알지니 진리가 너희를 자유케 하리라"(요 8 : 32)고 하셨습니다.

결단을 위한 질.문.

1. 지금 당신에게서 해결해야 할 현실적인 문제는 무엇입니까?
2. 아담과 하와의 죄의 형벌이 우리에게도 이어지고 있습니다. 그 죄에서 벗어나는 길이 무엇이라고 생각합니까?
3. 인간의 죄의 문제를 해결하기 위해 하나님께서 하신 일은 무엇이며, 인간이 할 수 있는 일은 무엇입니까?

PASS OVER!
통과!

첫째야…
장자

2장

패스 오버

(출애굽기 12 : 1-27)

들어가는 질.문.

1. 인생에서 가장 중요하다고 생각하는 것은 무엇입니까?
2. 자신이 한계를 느낀 적은 언제이며, 그때에 누군가의 도움을 받아본 적이 있습니까?
3. 대가를 지불하지 않고도 누리는 축복 또는 은혜에는 어떤 것들이 있습니까?

이스라엘 백성들은 이집트에서 430년간의 노예생활을 하고 있었습니다. 그들은 천한 일, 고된 일을 하며 살았습니다. 이집트 사람들로부터 학대를 받았습니다. 이스라엘 백성들은 너무 힘들었습니다. 하지만 스스로 그 노예생활에서 벗어나는 일은 불가능했습니다. 이집트 왕 바로는 막강한 권력과 군사력으로 이스라엘 백성을 잡아 두고 있었습니다.

그때에 이스라엘 백성들은 살려 달라고, 노예생활에서 벗어나게 해 달라고, 하나님께 부르짖었습니다. 결국 하나님은 그들의 부르짖음을 들으시고 해방시키시기로 결심했습니다. 그래서 모세를 부르셨고, 그로 하여금 이집트 왕 바로에게 가서 하나님의 명령대로 이스라엘 백성들을 풀어 줄 것을 요구했습니다. 이스라엘은 하나님을 섬겨야 할 백성이라고 바로에게 말했습니다.

바로 왕은 이 말을 우습게 여겼습니다. 바로 왕이 이스라엘 백성들을 풀어 주지 않자 하나님은 재앙을 내리기 시작했습니다. 바로는 재앙으로 극심한 고통을 받을 때에는 풀어 주겠다고 해 놓고, 다시 살 만해지면 또 약속을 어

S.T.O.R.Y.

겼습니다. 이스라엘 백성을 노예로 부리던 바로에게 그들을 풀어 주려는 마음은 없었습니다. 그렇게 9번의 재앙이 지나가고 가장 크고 비참한 열 번째 재앙이 시작되었습니다.

그것은 본문에 나오는 '장자의 죽음'이었습니다. 그 당시에 장자는 온 집안의 대표였습니다. 하나님은 '죽음의 밤'에 이스라엘 백성들에게만은 살 수 있는 방법을 가르쳐 주셨는데, 그것은 양을 잡아 우슬초로 묶고 그 피를 문의 인방과 문설주에 바르는 것이었습니다. 그러면 심판하는 천사들이 그 밤에 이스라엘 백성들이 문설주와 인방에 바른 피를 보고서 그냥 지나간다는 것이었습니다. "Pass over!" 사형 선고를 받아 죽어 가는 그 밤에 이스라엘 집에는 '통과'가 선언된 것입니다. 그래서 그 밤에 이집트 사람들이 사는 동네는 통곡이 있었지만 **이스라엘 사람들이 사는 동네는 가축과 짐승들까지도 평안 가운데 잠들었습니다.**

적용을 위한 질.문.

1. 이스라엘 백성들이 노예생활에서 벗어날 수 있는 유일한 길은 무엇이었습니까?

오직 하나님의 도움과 은혜뿐이었습니다.

2. 이집트 왕 바로는 왜 이스라엘 백성들을 자유의 몸으로 풀어 주지 않으려 했습니까?

이스라엘 백성을 노예로 부리는 것이 바로에게 유익이었습니다. 그렇기 때문에 놓아주려 하지 않았습니다. 하지만 그로 인해 이집트에는 10가지 재앙이 주어졌습니다.

3. 하나님이 장자를 친 것은 어떤 의미이며, 죽음의 밤에서 벗어날 수 있는 길은 무엇이었습니까?

사람뿐만 아니라 짐승의 첫째까지 죽이는 것은 가문이 끊기는 전멸을 의미합니다. 죽음의 밤에 살아날 수 있는 길은 오직 하나님이 지시하신 방법을 믿고 따르는 것이었습니다. 그것은 양을 잡아 그 피를 우슬초 묶음에 묻혀 문설주와 인방에 바르는 것이었습니다.

4. 피를 발랐던 이스라엘 백성들의 마음은 어떠했으며, 피의 의미는 무엇입니까?

백성들 중에는 안심하고 있던 사람들도 있었지만, 불안함으로 잠을 이루지 못하는 사람들도 있었을 것입니다. 그러나 문설주와 인방에 묻은 피로 인해 재앙에서 벗어납니다.

* * *

***양의 피는 예수 그리스도를 의미합니다.**

그 피는 그리스도의 피를 상징합니다. 죄 없는 양의 피를 발랐던 사람들은 그 피값으로 살아난 것입니다. 예수님은 우리의 죗값을 치르기 위해 십자가를 지셨습니다. 그 십자가의 사랑을 받아들일 때 죄에서 자유한 사람이 됩니다.

그리고 그것을 '구속'(救贖)이라고 부릅니다. 구속이란 누군가가 노예의 값을 대신 치르고 자유인이 되게 한 것을 의미합니다. 여기에는 꼭 대가가 있어야 합니다. 우리의 구원을 위해서 예수님이 피로 값을 지불하셨습니다. 그러기에 믿음으로 구원을 받았다고 그 이후에 교만하거나 무책임하게 살아서는 안 됩니다.

*** 문설주의 피는 믿음입니다.**

오늘날 양의 피를 어떻게 바를 수 있는지를 말씀합니다. 그것은 마음으로 믿고 입술로 그 믿음을 고백하는 것입니다. 마치 결혼과도 같습니다. 함께 결혼하여 부부가 되려면 사랑하는 마음이 있어야 합니다. 그리고 결혼식장에서 주례의 물음에 답해야 합니다. "그대는 ○○군을 그대의 남편으로 받아들여 섬기며 살겠습니까?" 그 말에 신부가 묵묵부답이거나 대답을 미루고 있다면 부부가 될 수 없습니다. 그러므로 마음으로 믿고 입으로 시인할 때에 예수님의 신부가 되는 것입니다. 영적인 면에서도 동일합니다.

*** 구원받은 우리가 꼭 알아야 할 3가지!**

최소한 3가지의 신앙을 가져야 합니다. 기독교의 중요한 3대 신앙은 '십자가, 부활, 재림'입니다. 그리고 좀 더 구체적인 신앙의 내용을 알기 위해서는 사도신경의 내용을 숙지해야 합니다.

결단을 위한 질.문.

1. 이스라엘 사람들은 이집트의 노예였습니다. 그들 스스로는 자유의 몸이 될 수 없었습니다. 우리는 자유인이라 말하지만 노예로 묶여 있는 것은 없습니까?

2. 지금도 내 마음의 문설주와 인방에 피를 바르는 방법이 있습니다. 로마서 10 : 9~10 말씀을 읽고 그 말씀이 주는 의미를 깨달아 나의 신앙을 고백해 봅시다.

:: 로마서 10 : 9~10

"네가 만일 네 입으로 예수를 주로 시인하며
또 하나님께서 그를 죽은 자 가운데서 살리신 것을
네 마음에 믿으면 구원을 받으리라
사람이 마음으로 믿어 의에 이르고
입으로 시인하여
구원에 이르느니라"

구리 뱀
더이상 못참겠어…
하나님은 왜….

3장

쳐다본 사람은 살았다

(민수기 21 : 4-9)

들어가는 질.문.

1. 세상을 살면서 믿음이 주는 유익이 무엇인지 생각해 봅시다.
2. 머리로는 이해할 수 없지만 믿음으로 행동해 본 적이 있습니까?
3. 하나님이 행하시는 일을 인간이 다 이해할 수 있습니까? 그렇다면 믿음이란 무엇입니까?

S.T.O.R.Y.

이스라엘 백성들은 이집트의 종살이를 청산하고 가나안 땅을 향하고 있었습니다. 그러나 그들이 가는 길은 온통 광야였습니다. 길도 없고 모래사막뿐이었으며, 먹을 것과 마실 것이 없었습니다. 그것도 하루 이틀이지 뜨거운 태양 아래서 수년을 행군하는 것은 참으로 힘든 일이었습니다.

이스라엘 백성들은 서서히 지치고 피곤해지자 하나님을 향하여 원망하고 불평하기 시작했습니다. 그들은 사막에서 추격해 오던 이집트 병사들이 몰살당하는 것을 보았습니다. 먹을 것이 없는 사막에서 하나님이 주시는 만나를 먹었고, 낮에는 구름기둥 밤에는 불기둥으로 지키시고 보호하시는 하나님의 손길

을 경험했습니다. 그러나 이스라엘 백성들은 인내하지 못하고 하나님을 불신했으며, 하나님은 그런 이스라엘을 향하여 진노하셨습니다. 믿음을 저버리고 거역하는 이스라엘 백성들을 불뱀이 나타나서 물기 시작했습니다. 뱀에 물려 죽은 자가 많았습니다. 이스라엘 백성들은 또다시 모세에게 살려달라고 도움을 요청했습니다.

모세는 하나님께 부르짖었습니다. 이에 하나님은 모세에게 말씀하셨습니다. "장대에 구리로 뱀을 만들어서 달아라 그리고 뱀에 물린 자가 그 장대에 달린 뱀을 쳐다보면 살 것이다."라고 하셨습니다. 그들 가운데

그 말씀대로 쳐다본 사람은 살았습니다.

적용을 위한 질.문.

1. 이스라엘 백성들을 광야의 길로 인도하신 하나님의 뜻은 무엇입니까?

하나님은 이스라엘 백성들이 이웃 족속들과 전쟁을 하게 되면 이집트로 돌아갈까 봐 가나안 땅에 빨리 도착할 수 있는 길이 아닌 광야의 사막 길로 인도하셨습니다. 그리고 광야생활을 통하여 전적으로 하나님을 의지하는 백성들로 만들고자 하셨습니다. 광야에서 살아남는 길은 하나님을 의지하는 것뿐임을 알게 해 주려 하였습니다. 그들이 살아남을 수 있었던 것은 환경 때문이 아니라 하나님 때문이며, 그 말씀 때문이라는 것을 말입니다.

2. 이스라엘 백성들이 불평하고 원망한 것은 어떤 이유입니까?

처음 출애굽했을 때 그들은 너무나 감격스러워 사막에서 찬양의 축제를 열기도 했습니다. 그런데 어려운 일들이 계속되자 불평하고 원망하기 시작했습니다. 하나님은 그들의 노예근성을 제거하고 싶으셨습니다. 이스라엘 백성들이 겪는 어려움이 클수록 하나님의 기적도 컸습니다. 하나님은 어려움 때문에 불신의 사람이 아니라 더 큰 믿음의 사람이 되기를 원하셨습니다.

3. 죽음의 자리에서 살아남을 수 있는 길은 하나님이 지시한 장대에 달린 뱀을 쳐다보는 것이었습니다. 하나님의 방법이 우리의 머리로 이해가 됩니까? 그렇다면 쳐다본 사람과 쳐다보지 않은 사람의 차이점은 무엇입니까?

하나님이 지시하신 방법을 통하여 인간이 죽음의 자리에서 벗어난다는 것은 인간의 지혜나 이성의 경험으로는 이해가 되지 않습니다. 쳐다본 사람과 쳐다보지 않은 사람의 차이는 믿음이었습니다. 믿음이 있었던 사람은 쳐다보았고 불신했던 사람은 쳐다보지 않았습니다.

4. 장대에 달린 구리 뱀을 쳐다본 사람은 어떻게 되었습니까? 결국 인간이 해결할 수 없는 문제를 만날 때 인간이 할 수 있는 유일한 방법은 무엇이라 생각합니까?

"쳐다본즉 살았더라"라고 말씀하고 있습니다. 하나님의 말씀은 그 자체가 생명입니다. 빛이 있으라 하면 빛이 생겼습니다. 죽은 나사로에게 "나오너라" 하니 나사로가 무덤에서 나왔습니다. 예수님은 생명이며 부활이십니다. 말씀이 곧 생명이십니다. 그 약속의 말씀을 따르는 것이 생명을 얻는 길입니다. 하나님의 사랑과 그 은혜를 깨닫는 것이 중요합니다. 그리고 인간의 한계를 깨닫습니다. 구리 뱀을 본 사람들은 살아났습니다. 인간이 할 수 있는 유일한 방법은 하나님의 은혜를 받아들이는 것입니다. 그것을 '믿음'이라 합니다. 기독교는 인간의 행위로 구원을 얻는 것이 아니라 전적인 하나님의 은혜와 믿음으로 구원을 얻습니다. 그것이 세상 종교와의 차이점입니다.

* * *

*** 믿는다는 것은 무엇일까요?**

예수님의 약속을 받아들이는 것입니다. 그 인격, 능력, 사랑을 받아들이는 것을 의미합니다.

*** 하나님은 영생을 주십니다.**

모든 사람에게 주고자 하시며, 영생의 조건은 오직 한 가지 하나님의 사랑을 받아들이고 그 약속을 믿는 것뿐입니다.

*** 예수님은 우리를 위해 오셨습니다.**

왜냐하면 그분은 자신의 죽음과 피 흘림을 통하여 우리에게 영생을 주셨기 때문입니다.

*** 믿음이란 양면을 지니고 있습니다.**

예수님을 나의 구주와 주님으로 모셔 들이는 일입니다. 그럴 때 그분은 나의 왕이시며 주인이시며 신랑이 되십니다. 친구가 되어 주십니다. 그래서 결국 하나님께서 나의 인생을 영원히 책임져 주신다고 약속하는 것이기에, 믿음이란 나의 모든 삶을 하나님께 온전히 맡기는 것입니다.

결단을 위한 질.문.

1. 왜 일부 백성들은 구리 뱀을 쳐다보지 않았을까요? 인간들이 죽음에서 벗어나기 위해 스스로 노력하는 방법에는 어떤 것들이 있을까요?

2. 예수님은 불뱀 사건을 통하여 영생에 대해 고민을 했던 사람에게 예를 들어 설명하셨습니다. 요한복음 3:14~16을 읽고 그 속에서 어떻게 해야 영생을 얻는지 생각해 봅시다.

3. 당신이 예수님을 나의 구원자로 받아들이는 일에 주저하고 있다면 그 이유는 무엇입니까?

4장

왕의 식탁에 앉은 사람

(삼하 9 : 1-13)

들어가는 질.문.

1. 당신은 다른 사람들로부터 업신여김을 당해 본 적이 있습니까?
2. 만일 당신이 왕자라면 당신의 삶에는 어떤 특권이 주어지며 어떤 삶이 전개되겠습니까?

S.T.O.R.Y.

다윗은 전쟁에서 승리 또 승리를 하였습니다. 그로 인해 나라가 안정되었습니다. 그러자 자신을 죽이려고 따라다녔던 사울 왕가를 살피기 시작합니다. 왕을 섬겼던 시바에게 사울 왕가에 남은 자가 있는지 살펴보라고 지시했습니다.

시바는 요나단의 아들이 남아 있는데 다리를 저는 자이며 이름은 므비보셋이라 했습니다. 왕은 그를 데려오게 하였고, 그의 이름을 불렀습니다. 이에 므비보셋은 "왕이시여 종입니다"라고 대답했습니다. 왕은 므비보셋에게 그의 아버지 요나단으로 인하여 은총을 베풀어 주겠다고 했습니다. 지난날의 재산을 회복시켜 주었고 종들을 붙여 주었습니다. 또한 왕의 식탁에서 먹게 해 주었습니다. 이에 "왕이시여 죽은 개 같은 나를 어찌 이렇게 후대하십니까?"라고 므비보셋은 말했습니다.

이후 다윗 왕은 아들 압살롬이 반란을 일으킬 때 시골로 피신을 해야 했습

니다. 그때 므비보셋은 함께하지 못했습니다. 시바는 므비보셋의 재산을 탐하여 그를 모함합니다. 시바는 다윗에게 므비보셋이 왕과 함께하지 않은 것은 훗날 그가 왕이 되려고 했기 때문이라고 거짓으로 고하였습니다. 이 말에 속은 다윗은 그 모든 재산을 시바에게 가지라고 했습니다. 그러나 다윗이 예루살렘으로 돌아왔을 때 이 모든 일이 시바가 꾸민 일임을 알게 됩니다. 왕은 발에 맵시를 내지 않았고, 수염도 깎지 않았으며, 옷을 빨지도 않은 므비보셋을 보았습니다.

왕은 시바에게 므비보셋과 재산을 나누라고 말합니다. 그러나 므비보셋은 제가 왕의 식탁에서 사는 것만도 황송하고 감격스러운데 어찌 재산에 마음이 있어 왕을 섬기겠느냐며 재산을 거절했습니다. 그리고 **왕께서 돌아오신 것만으로 족하다고 말합니다.**

적용을 위한 질.문.

1. 므비보셋의 운명은 어떠했습니까?

므비보셋은 운명이 엇갈린 사람이었습니다. 사울 왕가의 사람인 그는 숨어서 생명의 위협을 느끼며 두려움 속에 살던 사람이었습니다. 그리고 그는 불구자였습니다. 사람 취급도 받지 못한 버려진 존재였습니다. 이름도 없이 그냥 다리 저는 자로 통했습니다. 우리도 죗값을 가진 존재로서 므비보셋 같은 운명을 지닌 인생들입니다. 죄 때문에 우리는 죽었어야 할 몸입니다. 에베소서 2장 1~2절과 같이 죄와 허물로 죽었던 자들이었습니다. 죽음 앞에 두려워 떨지 않는 사람이 누가 있겠습니까?

2. 다윗 왕이 므비보셋에게 은총을 베푼 이유는 무엇이었습니까?

다윗이 만일 사울에게 당한 고난만 생각했다면 므비보셋은 처형 받았을 것입니다. 그는 원수의 자식이었기 때문입니다. 그런데 왕의 식탁으로 초대받은 것은 무슨 연고입니까? 그것은 요나단 때문이었습니다. 다윗은 그의 아버지 요나단을 사랑했기 때문입니다. 우리도 나를 위해 이 땅에 오셨고 나의 죄를 갚으시기 위해 십자가를 지신 그 예수님 때문에 나는 죄를 용서 받고 천국 식탁에 앉은 사람이 되었습니다(엡 2 : 6).

3. 므비보셋에게는 어떤 은총이 주어졌습니까?

다윗은 그의 물질적 필요를 채워 주라 명령했습니다. “다윗이 그에게 이르되 무서워 말라 내가 반드시 네

아버지 요나단으로 말미암아 네게 은총을 베풀리라 내가 네 할아버지 사울의 밭을 다 네게 도로 주겠고"(7절).

다윗이 살던 시대에 전쟁에서 패하고 망한 왕의 모든 재산은 다 몰수당했습니다. 그러나 다윗은 므비보셋에게 그 할아버지 사울의 밭을 다 돌려주겠다고 합니다. 이처럼 다윗은 그에게 용기만 준 것이 아니었습니다. 그가 생활하며 의지할 재산까지 회복시켜 주었습니다. 잃었던 것을 다시 얻게 하는 은총이 여기에 있습니다. 사울 왕의 밭이었다면 그 당시에 최고로 좋은 땅이었을 것입니다. 그런데 다윗은 그것을 아낌없이 므비보셋에게 돌려주겠다고 합니다. 실제로 왕의 권세에 해당하는 영지를 회복시켜 준 것입니다. 거지처럼 초라하게 변방을 떠돌던 므비보셋에게 이 얼마나 놀라운 은총입니까? 한 지역의 영주가 되는 것입니다. 더구나 명예도 회복시켜 주라고 했습니다(10-13절).

"또 너는 항상 내 상에서 떡을 먹을지니라"

고대에 식사를 누구와 함께한다는 것은 아주 중요한 사회적 의미를 지닙니다. 즉, 왕자 중의 하나, 왕의 가족으로 높여져 있음을 알 수 있습니다(13절). 왕의 상에서 므비보셋을 먹게 한 것은 그에게 먹을 것이 없기 때문이 아닙니다. 오히려 왕의 아들처럼 왕에게 사랑받는 존귀한 사람이라는 상징적인 의미가 사회적으로 크게 작용하게 하기 위함입니다. 은총이란 이렇게 그 사람의 명예까지 높여 주는 것입니다. 하나님께서 우리에게 이렇게 은총을 베풀기를 원하십니다. 마음의 평안과 용기를 주길 원하십니다. "사울의 손자 요나단의 아들 므비보셋이 다윗에게 나아와서 엎드려 절하매 다윗이 가로되 므비보셋이여 하니 그가 이르기를 보소서 당신의 종이니이다. 다윗이 가로되 무서워하지 말라 내가 반드시 네 아버지 요나단으로 말미암아 네게 은총을 베풀리라"(6-7절).

4. 므비보셋은 어떤 태도로 살아갔습니까?

"왕이시여 종입니다. 왕이시여 죽은 개 같은 나를 어찌 이렇게 거두어 주시나이까? 저는 왕의 식탁에서 사는 것으로 족하옵니다." 재산 때문에 왕을 섬기는 것이 아닙니다. 우리가 하나님 앞에서 헌신하는 것은 어떤 선물을 받기 위해서가 아닙니다. 오히려 받은 은혜에 감사하기 때문입니다. 그 은혜에 보답하기 위해서입니다. 물론 영원한 하늘나라의 상급을 받기 위해서이기도 합니다.

결단을 위한 질.문.

1. 우리는 우리 조상 아담과 하와의 죗값으로 노예가 된 사람들입니다. 조상의 죄, 나의 죄로 인하여 사형선고가 주어진 사람들입니다. 당신은 죄인임을 인정하십니까?(롬 1 : 19, 엡 2 : 1-2)

2. 하나님은 죽어 마땅한 사람을 살려 주실 뿐만 아니라 왕의 식탁에서 함께 음식을 먹게 해 주십니다. 예수님을 믿으면 어떤 영광이 주어집니까?(엡 2 : 6, 요 1 : 12, 계 22 : 5)

3. 인간은 본래 하나님의 형상으로 지음을 받은 존재입니다. 그래서 본래 천국에서 살던 존재였습니다. 그러나 죄로 인해 노예가 되었고 영원한

지옥에서 고통을 받아야 할 존재였지만, 예수님으로 인해 영원토록 하나님의 자녀, 즉 왕의 자녀로 살게 되었습니다. 우리에게도 이런 일이 가능할까요?

---

4. 하나님께서 당신에게도 이런 은혜를 주신다고 하십니다. 오직 당신을 사랑하시는 그 사랑 때문입니다. 예수님을 희생시키면서까지 당신의 목숨을 사셨기 때문입니다. 이런 영광을 주신다는 그분께 당신이 해야 할 일은 무엇입니까?

6번더...
X6
요단강
드디어
7번째!
만세~!
병이
나았다
순종

5장

생의 갈림길에서

(왕하 5 : 13-14)

들어가는 질.문.

1. 세상을 살면서 선택의 갈림길에 서 본 적이 있습니까?
2. 인생의 중요한 문제에 봉착했을 때 다른 사람의 조언이나 교훈이 도움이 되었던 적이 있습니까?
3. 다른 사람의 조언을 받아들이지 못하는 이유가 있다면 무엇입니까?

S.T.O.R.Y.

이스라엘의 이웃 나라 아람에 나아만이라는 사람이 있었습니다. 그는 전쟁에서 나라를 구하여 공을 세운 장군이며 왕의 사랑을 받는 사람이었습니다. 그런데 불행하게도 한센병에 걸렸습니다.

한센병은 당시 불치병이었으니 얼마나 고민하고 괴로워하며 살아갔을까요? 그런데 어느 날 자신의 집에서 일하는 이스라엘 여종이 믿기지 않는 기쁜 소식을 전해 주었습니다. 자신의 고국 이스라엘에 엘리사라는 하나님의 종이 있는데 어떤 병도 고칠 수 있다는 것이었습니다. 그 소식을 들은 장군은 귀가 번쩍 뜨였습니다. 그는 열 일 제쳐 두고 왕에게 달려가 자초지종을 알렸습니다. 왕은 기뻐하면서 금은, 옷, 친서를 주면서 즉시 다녀오라고 했습니다. 장군은 선물을 말에 싣고 부하들과 함께 이스라엘로 향했습니다. 나아만은 묻고 물어 하나님의 종 엘리사의 집에 도착했습니다. 부하를 보내어 아람나라 장군이 왔다고 알렸습니다. 그런데 정말 자존심 상하는 일이 생겼습니다. 엘리사는 밖에 나와 보지도 않고 그의 종이 나와서 말했습니다. "요단강에 가서 일곱 번 씻으시오." 나아만은 화가 났습니다. "감히 내가 누군데 나와서 인사도 하지 않고, 뭐? 요단강에 가서 일곱 번 씻으라고? 아니 우리나라에는 강이 없어서 여기서 목욕을 하란 말이야? 그리고 내가 왔으면 와서 내 아픈 곳에 손을 얹고 몸을 흔들며 하나님의 이름을 부르며 그렇게 고쳐

요단강

주어야지. 강에 가서 씻으라고? 말도 안 되는 소리 하고 있네! 허참!" 그는 우롱당하는 기분이었습니다. 속이 상하고 화가 났습니다. 나아만은 부하들을 향하여 말했습니다. "가자! 돌아가자!" 그는 자기 나라로 돌아가려고 했습니다.

그때 한 부하가 말했습니다. "장군님! 장군님께서는 병을 고치기 위해 이곳 멀리까지 오셨습니다. 그런데 저 요단강에 가서 씻는 것이 뭐가 그리 어려운 일이겠습니까? 병을 고칠 수 있다면 더 어려운 일을 시킨다 해도 할 수 있지 않겠습니까?" 듣고 보니 그도 그러했습니다.

고국으로 가던 발걸음을 돌려서 요단강으로 갔습니다. 별이 달린 모자를 벗었습니다. 계급장이 달린 옷도 벗었습니다. 그리고 요단강에 들어가 몸을 담갔습니다. 한 번 두 번…… 여섯 번까지도 아무런 변화가 없었습니다. 그래도 엘리사가 말한 대로 일곱 번째 몸을 씻었습니다. 그러자 믿기지 않는 일이 벌어졌습니다. 그렇게 냄새나고 문드러져 고름이 흘렀던 살이 어린아이의 살처럼 변한 것입니다. 지금까지 나아만 장군은 눈에 보이는 이 세상만 바라보며 살았습니다. 그런데 지금 이 순간은 또 다른 세계를 경험하는 순간이었습니다. 그의 입에서 탄성과 감격의 말이 터져 나왔습니다.

"온 천하에 하나님 한 분밖에는 다른 신이 없습니다."

순종

적용을 위한 질.문.

1. 나아만 장군은 세상적으로 부러울 것이 없었지만 자신이 해결할 수 없는 문제가 있었습니다. 그것이 무엇입니까?

세상적으로 보면 그는 출세했습니다. 명예도 가졌습니다. 그러나 불행히도 당시의 불치병인 한센병을 앓고 있었습니다. 남들 앞에서는 대단한 사람 같았어도 정작 자신은 초라하고 불행한 존재였습니다. 자신의 생을 저주하고 싶은 그런 삶이었을 것입니다. 이렇듯 우리 인생도 늘 좋은 일만 있는 것이 아니라 뜻하지 않게 불행스러운 일들이 일어나서 나의 존재를 돌아보게 만듭니다. 그리고 하나님을 찾게 합니다.

2. 그가 받은 기쁜 소식이 무엇이었으며, 그가 병에서 고침을 받기 위해 해야 할 유일한 방법은 무엇이었습니까?

"세상에 죽으라는 법은 없다." 라는 말이 있습니다. 나아만 장군의 집에서 일을 하는 이스라엘 여자 아이가 있었습니다. 어떻게 보면 장군은 그 하찮게 보이는 아이의 말을 귀 담아 들었다는 것입니다. 내 인생의 중요한 문제를 해결하는 일이라면 그 어떤 말도 귀담아 들을 필요가 있습니다. 하찮게 보이는 사람의 말도 신중하게 들어볼 필요가 있습니다.

하나님의 종이 지시한 방법대로 순종하는 길입니다. 그것은 하나님이 요구하시는 방법이기 때문입니다. 그것은 때때로 하찮은 일일 수도 있습니다. 너무도 쉽기 때문에 이해가 가지 않고 따라하고 싶지 않을 수도 있습니다. 그러나 생각해 보면 세상에 가장 귀한 것들을 하나님은 아무런 대가 없이 우리로 하여금 누리게 하셨습니다. 하나님은 값으로 환산할 수 없는 것들을 그냥

공짜로 누리게 하셨습니다. 아름다운 하늘, 공기, 바람, 강, 바다, 숲, 태양, 어머니의 사랑, 아이의 해맑은 웃음 등 우리 주변에 항상 있어서 느끼지 못했던 많은 요소들을 헤아려 보십시오.

3. 아람 장군이 기분이 상해 고국으로 돌아가려고 했던 이유와 나아만 장군이 훌륭한 점은 무엇입니까?

그는 자존심이 상했습니다. 대국 아람 장군이 왔는 데도 알아주지 않았기 때문입니다. 그리고 고치는 방법 또한 자신이 생각했던 것과는 전혀 달랐습니다. 그러나 하나님이 하시는 방법은 다양합니다. 인간의 경험, 지식, 지혜를 초월하십니다. 하나님을 만나려면 자존심을 내려놓아야 합니다. 인간의 힘으로 감당할 수 없는 죽음 앞에서 자신의 지위, 명예, 부가 무슨 소용이 있겠습니까? 아람 장군은 부하의 이야기를 듣고 그 말이 타당하다는 것을 깨달았습니다. 자존심을 내려놓은 나아만은 그 말을 듣고 순종함으로 행합니다. 그 결과 놀라운 변화가 일어났습니다. 새 생명을 얻은 것입니다.

결단을 위한 질.문.

1. 우리는 영적으로 보면 나아만과 같은 존재입니다. 죄로 인해 실상은 버림받은 인생입니다. 나의 고쳐지지 않는 쓴뿌리(단점)에 대하여 고민해 본 적이 있습니까? 자신의 모습이 초라하다는 느낌을 받은 적이 있습니까?

2. 나아만에게 기쁜 소식이 들려왔듯이 당신에게도 죄의 문제와 죽음의 문제가 해결된다고 할 때 변화의 길로 나아가겠습니까? 그것이 어렵다면 그 이유는 무엇입니까?

3. 나아만이 겪었던 어려운 문제는 인간의 힘으로는 어찌할 수 없지만 하나님에게는 너무나 해결하기 쉬운 것이었습니다. 이제 당신은 하나님의 방법을 깨닫고 그 말씀에 순종할 준비가 되었습니까?

4. 말씀에 순종한 나아만에게는 새로운 인생이 주어졌습니다. 예수님의 말씀을 듣고 순종하면 영원한 생명이 주어진다고 했습니다. 당신도 예수님의 말씀에 순종해 보시겠습니까?(요 11 : 25-26, 요일 5 : 11-16)

:: 당신이

은혜를 주시고 기회를 주시는 예수님을 받아들이지 못한다면 그 이유는 무엇인가요? 자존심, 집안 종교, 술, 담배, 제사, 죄책감? 이 모든 것은 교회에 출석하여 믿음을 가진 후 해결하면 됩니다. 이것부터 해결하고 믿음의 길을 걷겠다는 것은 때가 있어 목욕탕에 못 간다는 것과 같습니다. 학생이 아는 것이 없이 책을 볼 수 없고 학교에 다니지 않겠다는 것과 같습니다. 환자가 병이 있어 병원에 가지 않는다는 것과 같습니다. 예수님은 이런 모든 문제의 해결자이십니다.

순종

:: 요한1서 5 : 11~12

"또 증거는 이것이니
하나님이 우리에게 영생을 주신 것과
이 생명이 그의 아들 안에 있는 그것이니라
아들이 있는 자에게는 생명이 있고
하나님의 아들이 없는 자에게는
생명이 없느니라"

제사장
레위인
사마리아인

6장

꼭 만나야 할 사람

(누가복음 10 : 30－37)

들어가는 질.문.

1. 만남이란 것이 얼마나 중요하다고 생각합니까?
2. 좋은 만남과 불행한 만남에 대하여 이야기해 봅시다.
3. 세상에는 운명적인 만남도 있다고 생각합니까?

S.T.O.R.Y.

오늘 읽은 말씀에는 세 가지 종류의 만남이 나옵니다. 강도, 종교인, 사마리아인의 만남입니다. 이것은 예루살렘에서 여리고로 내려가는 도중 길에서 일어난 사건입니다. 이 길은 온통 바위와 낭떠러지 계곡으로 되어 있고, 70여 리 정도 되는데 가끔씩 강도들이 출몰하는 위험한 길입니다. 그래서 가급적 혼자 가지 않는 것이 좋은 그런 길이었습니다. 그런데 어쩔 수 없이 혼자 가야 했던 어떤 사람이 이 길을 가다가 강도를 만나 실컷 얻어맞았습니다. 살려 달라고 소리쳐도 소용이 없었습니다. 가진 것을 다 빼앗기고 옷이 벗겨진 채 실신한 상태로 길가에 버려졌습니다. 혼자서는 살아날 가망성이 없었습니다.

때마침 지나가는 사람이 있었습니다. 이 사람들은 제사장 직을 가진 당시 종교 지도자들이었습니다. 그는 지나가다가 주춤하여 발걸음을 멈추더니 주

위를 한 번 둘러보고는 숨가쁘게 도망치듯 사라졌습니다. 성전에서 봉사하며 살던 레위인도 그렇게 도망쳤습니다. 그들은 죽어 가는 사람에게 어떤 도움도 주지 못했습니다.

얼마의 시간이 지난 후 어떤 사마리아인이 길가에 버려진 사람을 발견했습니다. 조용히 다가가 보니 신음 소리가 들렸습니다. 불쌍한 마음에 얼굴에 묻은 피를 닦아 주었습니다. 상처에 기름을 바르고 옷을 찢어 싸매어 주었습니다. 그리고 자신이 타고 온 나귀에 그를 태워 여관으로 데리고 갔습니다. 여관 주인에게 말했습니다. "내가 바빠서 이 사람을 돌볼 수가 없어 경비를 줄 터이니 내가 일을 마치고 돌아올 때까지 이 사람을 잘 돌봐 주시오."

적용을 위한 질.문.

1. 내 인생의 최고의 만남은 무엇입니까?

우리의 삶은 만남으로 시작합니다. 태어나 부모님을 만나고 자라면서 친구와 선생님 그리고 배우자, 이웃들을 만나며 삽니다. 좋은 만남은 축복이며 행복입니다. 그런데 잘된 만남도 불행해지고 생명을 잃어버리기도 합니다. 좋은 만남이 되도록 노력해야 합니다.

2. 강도는 나그네가 가진 모든 것을 앗아갔습니다. 우리의 삶에 찾아오는 강도는 무엇입니까?

강도는 나그네가 가진 모든 것을 앗아갔습니다. 때리고 버렸습니다. 나그네는 속수무책으로 당했습니다. 홀로 살아날 방법이 없었습니다. 이 세상에는 강도 같은 자들이 있습니다. 내가 쓸모가 있다고 여겨지면 이용하고 쓸모가 없어지면 버리는 자들입니다. "입에 달면 삼키고 쓰면 뱉어 버립니다." 누구도 도움을 줄 수 없는 험난하고 위태하며 고독한 인생길을 걸어갈 때, 강도가 찾아와 내 모든 것을 다 빼앗은 채 내동댕이칠 수 있습니다. 뿐만 아니라 누구도 피할 수 없는 죽음이라는 강도가 우리에게 찾아옵니다.

3. 사마리아인은 어떤 사람들이었습니까?

사마리아인은 이스라엘 사람들이 인정해 주지 않던 사람들이었습니다. 그들이 혼혈 족속이었기 때문입니다. 그러나 그는 자신의 생명을 걸고 버려진 사람의 생명을 구해 주었습니다. 그리고 여관에 데려가 치료하고 돌봐 주었으며 필요한 것을 부담하였습니다.

4. 나의 인생길에서 정말 꼭 만나야 할 분은 누구입니까? 그리고 나는 다른 사람에게 있어 어떤 만남입니까?

우리가 꼭 만나야 할 분은 예수님입니다. 그분의 생애와 하신 일을 알기 원한다면 복음서를 읽어 봅시다. 그리고 그분의 약속을 받아들인다면 영원한 삶을 얻게 될 것입니다. 예수님은 강도 만난 인생들을 찾아 이 땅에 오셨습니다. 생명을 강탈당한 인생들에게 영원한 생명을 주시려고 오셨습니다.

당신도 강도 만난 인생이 될 때 생명에서 건져 주실 분은 오직 예수 그리스도 한 분뿐임을 인정하고 그분을 만나야 합니다. 그리고 나도 예수님처럼 이웃을 살리는 일을 해야 합니다. 그것이 예수님을 믿는 중요한 목적입니다.

결단을 위한 질.문.

1. 내가 갑자기 생을 마감한다면 어떨지 진지하게 생각해 본 적이 있습니까? 인간의 생과 사는 인간의 능력 밖에 있음을 인정하십니까?

2. 지금까지의 삶에서 홀로 일어서기 힘들 만큼 절망스러웠던 순간이 있습니까? 당신을 영원히 책임지실 수 있는 예수님이 계십니다. 그분께 당신의 삶을 맡겨 보지 않겠습니까?

어떻게 열지...?
구원

7장

어려운 구원, 쉬운 복음

(누가복음 23 : 32-43)

들어가는 질.문.

1. 어떤 일을 알고 나면 쉽지만 알기 전에는 매우 어려운 경우가 있습니다. 그런 경험을 해 보셨습니까?
2. 불가능한 일이 이루어지는 것을 기적이라 부릅니다. 당신에게 일어난 기적의 순간은 무엇입니까?

S.T.O.R.Y.

예수님은 이스라엘의 베들레헴이란 곳에서 지금으로부터 약 2천 년 전에 동정녀 마리아를 통하여 태어나셨습니다. 그렇다고 해서 육신의 부모 정혈을 통해 나신 것은 아닙니다. 물론 예수님은 인간이면서도 하나님이십니다. 하나님이신 분이 하늘 왕궁을 버리시고 이 땅에 오셨습니다(히 1 : 1–3).

예수님은 이 세상에 오셔서 하나님을 전하고 하나님 나라를 선포하셨습니다. 자신이 하나님의 아들이며 장차 인류의 죄를 대신해 고난을 받고 죽으실 것임을 말씀하셨습니다. 그분이 전하신 메시지는 "회개하라 천국이 가까웠느니라"였습니다.

모든 인류는 아담과 하와의 죗값으로 벌을 받았습니다. 그래서 세상에서 온갖 고난을 당하고 결국은 죽어야 하며 그 이후에는 심판을 받아야 합니다. 죄 문제가 해결된 사람은 천국에, 해결되지 않은 사람은 지옥에 가야 합니다. 예수님은 그냥 내버려 두면 지옥에 갈 수밖에 없는 영혼들을 구하기 위해 세상에 오셨습니다. 그분이 처음 기적을 베푸신 것은 잔칫집에서였습니다. 포도주가 떨어져 흥이 식었을 때 물을 변하게 하여 포도주가 되게 하셨습니다. 예수님은 이렇게 기쁨을 주시기 위해 오셨습니다. 시각장애인의 눈을 뜨게 하셨고, 한센병자가 나음을 얻었습니다. 또한 죽은 자들을 살려 주셨습니다. 결국 예수님은 이런 것들이 천국임을 보여 주신 것입니다.

그리고 영원한 아버지의 집이 있음을(요 14장, 계 21–22장) 가르쳐 주시기 위해 오셨습니다.

예수님 당시 종교 지도자들은 예수님을 메시야로 인정하

지 않았습니다. 종교적인 기득권을 유지하고 자신들의 부와 명예를 지키고 싶어하던 그들은 오히려 예수님을 이단아로 취급했습니다. 그리고 몇 가지 이유로 예수님을 고소했습니다. '안식일을 지키지 않는다. 자신을 하나님이라 칭한다. 로마에 항거하여 자신의 나라를 세우려 한다.' 그렇게 예수님은 로마법정에 세워지고 빌라도 총독의 판결로 사형을 받게 되었습니다. 그러나 하나님의 섭리의 차원에서 보면 죄 없으신 예수님은 인류의 죗값을 대신 지시고 죽으신 것입니다.

예수님은 31세에 공생애 사역을 시작하여 33세에 죽음을 맞이했습니다. 그리고 사흘 만에 부활하셨습니다. 이후에 40일간 부활의 몸으로 제자들과 성도들을 만나 주셨습니다. 그리고 하늘로 올라가셨으며 이 세상 심판을 위해 이 땅에 다시 오신다고 하셨습니다.

예수님은 강도 두 명과 함께 사형 장소인 갈보리 언덕에서 죽음을 맞게 됩니다. 예수님을 중앙으로 양쪽에 강도들의 두 십자가가 세워졌습니다. 한 강도는 죽음의 직전에 예수님을 향하여 비난을 했습니다. "당신이 진짜 메시야라면 당신도 살고 우리도 살려 보시오!" 그러나 또 다른 강도는 달랐습니다. "이 사람은 아무 잘못이 없소. 우리가 못된 짓을 하였으니 이런 벌을 받는 것이 마땅하오!" 죽음을 목전에 둔 그 숨가쁜 시간에 강도는 예수님께 부탁합니다. "예수여 당신의 나라에 임하실 때에 나를 기억하소서"(눅 23 : 42). 예수님께서 말씀하셨습니다. "내가 진실로 진실로 네게 이르노니 오늘 네가 나와 함께 낙원에 있으리라."

적용을 위한 질.문.

1. 예수님은 역사적인 인물입니까? 어떻게 입증할 수 있습니까?

예수님이 역사적인 인물임을 입증하는 자료는 세계 역사에 기록이 되어 있습니다. 로마의 역사가 타키투스의 「연대기」에 나옵니다. 세계 역사가들도 예수님을 세계 3대 성인으로 인정하고 있습니다. 또한 성경이 그 생애와 역사를 기록해 놓고 있습니다. 무엇보다도 지금 신앙생활하는 교회와 성도들이 지금도 살아 계신 예수님과 교제하며 그 능력을 경험하고 있습니다.

2. 예수님이 이 땅에 오신 목적은 무엇이며, 그와 같은 목적으로 태어나고 죽은 사람이 또 있습니까?

예수님이 오신 목적은 온 인류의 죄를 대속하고 어긋난 하나님과의 관계를 회복시키기 위함입니다. 그 사랑과 그 약속을 믿는 사람들에게 이 땅에서 영생을 얻고, 삶이 끝나는 날 천국에서 영원히 살게 해 주시기 위해 오셨습니다. 즉, 세상 사람들을 구원하기 위해 오셨습니다. 구원이란 모든 속박에서 자유하게 하는 것입니다. 가난도 질병도 실패도 죽음도 모든 것으로부터 자유함을 누립니다.

3. 예수님이 말씀하시는 천국은 어떤 곳입니까?

누가복음 17장에 예수님은 두 가지 천국에 대하여 말씀하셨습니다. 하나는 '마음에 있는 천국'입니다. 예수님을 믿으면 성령님이 우리와 동행해 주십니다(고전 3 : 16, 6 : 19). 그래서 내 영혼과 마음, 삶을 다스리십니다. 그때에 삶의 자리가 천국이 됩니다. 하나님

나라가 됩니다. 이것은 장소적인 개념입니다. 다시 말해서 죽으면 가는 곳입니다. 그 천국은 어떤 곳인지 스스로 성경을 찾아 알아봅시다(계 21–22장).

4. 십자가상에서 예수님을 만났던 두 강도의 반응은 서로 다르게 나타납니다. 두 강도가 서로 다른 반응을 보인 이유는 무엇입니까?

두 강도는 예수님이 십자가상에서 자신을 못 박는 무리들을 위해 기도하시는 것을 들었습니다. "아버지여 저들은 저들이 하는 것을 모릅니다. 저들의 죄를 용서해 주십시오." 예수님은 자신의 양손과 양발에 못이 박혀 있는 순간, 아무것도 하실 수 없는 그 순간에도 못 박는 자들의 죄를 용서해 달라고 기도했습니다. 이 말을 들은 한 강도는 비난하고 욕하며 예수님을 거부했습니다. 하지만 다른 한 강도는 죽음 직전 자신의 잘못을 깨닫고 인정했습니다. 자신이 벌을 받는 것이 마땅하다고 말했습니다. 그리고 자신의 힘으로는 살아날 길이 없음을 알았으며 예수님만이 구원자이심을 믿었습니다. 하나님의 나라가 존재함을 믿었습니다. 예수님께 자신의 생명을 맡겼습니다.

5. 예수님의 말씀 속에서 구원은 언제 주어지는 것이며, 어떤 사람에게 주어지는 것입니까?

예수님은 "오늘 네가 나와 함께 낙원에 있으리라" 말씀하셨습니다. 자신의 죄를 깨닫고 예수님을 구주로 믿는 사람에게는 오늘 구원과 영생이 주어진다는 것입니다. 아무리 잘못한 사람이라고 할지라도 잘못을 뉘우치고(회개) 예수님을 구주로 인정하고 믿을 때 천국이 주어집니다. 인간의 노력, 고행, 그 어떤 방법으로도 자신을 구원하는 일은 불가능합니다. 그러나 예수님께서는 모든 사람의 인생의 주인이

시기 때문에 한마디의 말씀으로 가능합니다. 이보다 더 기쁜 일이 어디에 있겠습니까? 너무나 쉽습니다. 그런데 사람들은 이 너무나 쉬운 복음을 바로 알지 못하고 있으며 받아들이려 하지 않습니다.

* * *

***평생 못된 짓을 하였는데도……**

남의 생명을 빼앗은 강도의 천국행 사건을 볼 때에 이 세상에 구원 받지 못할 사람이 어디에 있겠습니까? 하나님은 세상 모든 사람들이 다 구원 받기를 원하십니다.

***죽음 직전이라도 자신의 죄를 회개하면 됩니다.**

예수님께 나아가면 천국의 삶을 살게 된다고 말씀하십니다. 그분이 우리에게 수행을 요구하십니까? 선행을 요구하십니까? 공부를 요구하십니까? 예수님은 우리에게 아무것도 요구하시지 않습니다. 단 하나, 하나님 사랑을 믿고 죄인임을 깨달아 예수님의 약속을 믿기만 하면 됩니다.

***인간은 스스로를 구원할 수 없습니다.**

그러나 하나님에게는 쉽습니다. 물론 아들을 희생시키는 대가를 지불했습니다. "아하! 그렇구나!"라고 깨닫고 나는 죄인임을 인정하며 예수님을 나의 구주로 고백해야 합니다. 이 믿음의 고백이면 족합니다.

***구주는 구원자란 뜻입니다.**

세상을 구원하시는 주인공이란 뜻입니다. 영어로 Savior입니다. 주님이란 주인님이란 뜻입니다. 영어로는 Lord입니다. 예수님을 믿는 사람들은 하나님을 나의 구주시며 나의 주님으로 모신 사람들입니다.

결단을 위한 질.문.

1. 주변의 사람들이 죽음으로 인해 힘겨워할 때 도와줄 수 있는 일도 있지만 거기에는 분명 한계가 있습니다. 주변의 사람들 또한 내가 세상을 떠날 때 위로해 주고 동정은 할 수 있지만 내 생명을 구하는 데는 한계가 있음을 인정하십니까?

2. 우리 자신이 해결할 수 없는 죽음 앞에 구원자 예수 그리스도가 계십니다. 그분은 당신을 영원히 책임질 수 있는 분이십니다. 그분께 당신의 삶을 맡겨 보시지 않겠습니까?

※ 성경말씀을 통하여 복음이 무엇인지 정리해 봅시다.

1. 성경이 말하는 인간의 운명

로마서 3 : 10	모든 사람은 죄인입니다.
로마서 3 : 23	죄인은 하나님의 영광에 이르지 못합니다.
로마서 6 : 23	죄의 값은 죽음입니다.
히브리서 9 : 27	죽음 이후에는 심판이 있습니다.
로마서 6 : 23	죄의 값은 영원한 죽음입니다.

2. 하나님이 구원의 길을 여시다

요한복음 3 : 16	하나님은 천국 가는 다리를 놓기 위해 이 땅에 오셨습니다.
로마서 5 : 8	예수님은 십자가에 죽으심으로 천국 가는 다리를 놓으셨습니다.

3. 죄인 된 인간이 천국으로 가기 위해 해야 할 일

요한복음 5 : 24	하나님을 믿고 예수님을 믿으면 영생을 얻고 심판에 이르지 아니하며 사망에서 생명으로 옮겨집니다.
로마서 10 : 9~10	마음으로 믿으면 의롭게 되고 입으로 고백하면 구원에 이릅니다.
요한1서 5 : 10~13	아들이 있는 자에게는 생명이 있습니다. 죽어 보아야 아는 일이 아닙니다. 이제 담대히 하나님께 예수님의 이름

으로 기도하라고 하십니다. 아버지 뜻에 맞으면 응답해 주신다는 것입니다. 즉, 기도를 통해 하나님의 존재도 확신할 수 있습니다. 내가 하나님의 자녀가 된 것도 확인할 수 있다는 말입니다.

4. 하나님이 보장하신 일

자녀의 권세 / 요한복음 1 : 12

자녀의 권세를 주셨습니다. 세상에 살면서도 예수님의 이름으로 기도하면 하나님 나라를 맛보고 누리게 해 주신다는 것입니다. 그 관계는 깨어지지 않습니다.

죄 용서 / 요한1서 1 : 9

예수님을 믿고 살아도 죄를 지을 수 있습니다. 예수님은 나의 과거 현재 매래의 죄를 이미 다 용서해 놓으셨습니다. 단 우리의 죄를 자백해야 합니다.

천국 상급 보장 / 요한계시록 22 : 12

천국의 상급이 보장되어 있습니다. 십자가상의 한 강도는 구원은 받았으나 상급이 없습니다. 이것을 부끄러운 구원이라 합니다. 그러나 주님을 위해 수고한 사람들의 수고는 하나님이 빚으로 여기시고 하늘나라에서 상급으로 주십니다. 어떤 분들은 일찍 예수를 믿으면 제약 받는 것이 많으니 죽기 직전에 믿겠다고 합니다. 그러나 일찍 믿고 봉사와 선행, 전도를 하게 될 때 천국의 상급은 다릅니다(마 10 : 44).

영생 보장 / 요한복음 10 : 28~29

영생이 보장되어 있습니다. 하나님이 주신 이 영생은 내가 예수님을 부인하고 떠나가지 않는 한 영원히 보장되어 있습니다.

영접 기도

하나님 아버지!

진리의 말씀을 깨닫고 믿게 해 주시니 감사합니다.

약속의 말씀을 받아들입니다. 나를 받아 주옵소서.

나는 나 자신이 죄인임을 인정합니다.

양심적인 죄, 사회적인 죄, 영적인 죄를 지었습니다.

몸으로 지은 죄와 마음으로 지은 죄가 있습니다.

알고도 지은 죄도 있고 모르고도 지은 죄가 있습니다.

사람에게 지은 죄 그리고 하나님께 지은 죄도 있습니다.

용서해 주옵소서.

나를 살려 주실 분은 예수님 한 분뿐임을 알고

예수님을 나의 구주와 주님으로 영접합니다.

나를 주님의 자녀로 받아 주옵소서.

영벌의 지옥에서 영생의 나라 천국으로 인도하여 주옵소서.

예수님의 이름으로 기도합니다. 아멘.

영접자를 위한 기도

하나님, 여기 한 형제가 죄인임을 고백했습니다.

예수님을 구주로 영접했습니다.

이제 십자가 보혈로 모든 죄를 용서해 주셨고 십자가 강도에게 선포하셨던 것처럼 "네가 오늘 나와 함께 낙원에 있으리라" 하셨던 그 선포가 형제의 가슴에 믿어지게 하시고 삭개오에게 "너는 아브라함의 자손이라" 하셨던 그 선언이 형제의 구원 받은 감격이 되게 하옵소서.

이제 약속의 말씀을 믿고 구원의 확신 가운데 말씀을 듣고 읽으며 기도를 통하여 하나님과 깊은 교제를 통해 하나님을 경험하게 하옵소서. 그래서 믿음에 장성한 분량의 사람이 되게 하옵소서.

영원한 하늘나라 소망 가운데 현실적인 어떤 고난과 역경 속에서도 믿음을 잃지 않게 하옵소서. 성숙한 그리스도인이 되어 그리스도의 인격과 삶을 본받아 이 땅 위에 하나님 나라가 임하고 하나님의 나라를 건설하는 일에 영향력을 미치는 사람이 되게 하옵소서.

예수님의 이름으로 기도합니다. 아멘.

믿음의 내용을 간략히 정리해 놓은 것이 사도신경입니다. 그 내용을 더 깊이 공부하여 믿음으로 고백할 때 이미 구원은 주어진 것입니다.

영접자를 향한 선포

사랑하는 형제님!

형제님은 예수님을 구주와 주님으로 영접하였습니다.

따라서 성경에 주신 말씀을 따라 교회에서 주신 권세를 의지하여 선포합니다.

이제는 형제의 죄가 사해졌음을 선포합니다(마 16 : 16－18).

영원한 생명이 주어졌음을 선포합니다(요 5 : 24, 요일 5 : 11－13).

영원한 천국백성이 되었음을 선포합니다(골 1 : 13).